나는 이해관계가 없는
사람을 만나고 싶다

나는 이해관계가 없는 사람을 만나고 싶다

초판 1쇄 발행 2024년 9월 5일

지은이 김용동
펴낸이 장길수
펴낸곳 지식과감성#
출판등록 제2012-000081호

교정 이주희
디자인 강샛별
편집 강샛별
검수 김나현, 이현
마케팅 김윤길, 정은혜

주소 서울시 금천구 벚꽃로298 대륭포스트타워6차 1212호
전화 070-4651-3730~4
팩스 070-4325-7006
이메일 ksbookup@naver.com
홈페이지 www.knsbookup.com

ISBN 979-11-392-2082-7(03810)
값 12,000원

• 이 책의 판권은 지은이에게 있습니다.
• 이 책 내용의 전부 또는 일부를 재사용하려면 반드시 지은이의 서면 동의를 받아야 합니다.
• 잘못된 책은 구입하신 곳에서 바꾸어 드립니다.

지식과감성#
홈페이지 바로가기

나는 이해관계가 없는 사람을 만나고 싶다

김용동 지음

들어가는 말

'시는 언어의 함축이다.'

고등학교 때 이제 막 사범대를 마친 새내기 국어 교사가 첫 수업 시간에 한 말이다.

필시 그도 대학 내내 기득권 은사한테 그 말을 귀에 못이 박히게 들었을 것이다.

그 이후 문단 여기저기 기웃거리며 그 수상한 명제를 금과옥조로 여긴 적이 있었다.

그 옛날 누가 정했는지도 모를 정체불명의 절대 명제에 머리 조아리고 맹목으로 추종했다.

수학 공식 같은 절대 권위에 얼마나 많은 문청과 명함에 목매는 시인들이 사이비 십자가를 향해 몰려갔던가. 지나고 보니 참으로 부질없고 어처구니없는 일이었다.

시란 무엇인가.

같잖은 지적 허영심과 소위 대가들이 정해 놓은 금단의 경지에 욕심내던 젊은 시절이 있었다. 이문열 선생의 《금시조》에 등장하는 서예가 고죽의 고뇌를 흉내 낸 적도 있었다. 보수적 대가로 상징되는 스승 석담과 틀을 깨고자 하는 젊은 서예가 고죽의 갈등은 예나 지금이나 별반 다를 게 없을 것이다.

나 역시 문단 말석 하나 얻어 보려고 신춘문예나 문학지 등에 문을 두드리던 때가 있었다. 그럴 때마다 역량 부족을 실감하는 한편, 문학 기득 권력 앞에 무력함을 절감해야 했다. 핑계 같지만, 그 시절 나는 거대한 벽을 마주한 기분이었고 지독한 패배감에 단 한 줄의 글조차 나아가질 못하고 깊은 수렁에 빠져 허우적거리고 있었다.

글을 쓰며 세상의 끝을 경험하기란 쉽지 않다. 생각해 보면 우스꽝스럽고 어처구니없는 일이었다. 그깟 허접한 글 나부랭이가 뭐라고.

나이가 들면 모든 일에 둔감하다. 별로 궁금한 것도 없다. 글을 폼 나게 멋있게 써 볼 생각도 없다. 늘그막에 한글을 깨우친 할매의 일기보다도 못한 싯귀를 다듬을 마음도 없다. 다만 내 감정에 충실하고 솔직하게 쓰고는 싶다.

사람의 진심은 알 수 없다. 그나마 추측할 수 있는 건 그 사람의 말과 글이다.

예술가는 대중에게 자기의 독선과 아집, 터무니없는 작품에 대한 이해를 강요해선 안 된다. 그건 마치 물건을 강매하는 장사치와 다를 게 없다.

나이를 먹는다는 건 대충 포기하고 산다는 의미. 결코 젊다고 할 수 없는 나이에 욕심과 집착은 추접함과 동시에 망신살이 동반할 수밖에 없다. 작품에 대한 욕심 또한 마찬가지다.

어쨌거나 초로의 나이에 시구랍시고 몇 줄 끄적거려 보았다. 아무리 후진 글도 활자화되면 제법 그럴듯해 보인다던 문단 선배의 말이 떠올라 실소가 나왔다.

후진 글 몇 줄을 올려 보니 쉽게 보시고 즐거운 일상을 보내시기 바랍니다.

목 차

1. 나는 이해관계가 없는 사람을 만나고 싶다 ·············· 10
2. 나는 내가 누구인지 모른다··············· 12
3. 내 머릿속엔 외계인이 산다··············· 14
4. 각자의 지옥··············· 16
5. 유비를 미워한 조조··············· 17
6. 고독이 몸부림칠 때··············· 18
7. 그대 생각··············· 20
8. 일용엄니··············· 22
9. 은실이··············· 23
10. 시장 아줌마··············· 24
11. Chan Chan Chan ··············· 26
12. 산 너머 남촌에는··············· 27
13. 봄비··············· 28
14. 산돌림··············· 29
15. 월량대표아적심··············· 30
16. 양변기··············· 31
17. 눈··············· 32
18. 보헤미안 랩소디··············· 33
19. 배미향의 저녁 스케치··············· 34
20. Dust in the Wind··············· 36
21. 사랑은 비를 타고··············· 38
22. 닥터 지바고의 발랄라이카··············· 40

23. 빗속의 여인은 오지 않는다 ·· 41
24. 아이돌 ··· 42
25. 태양은 가득히 ·· 45
26. 지옥에서 살아남기 ·· 46
27. 한방의 부르스 ·· 48
28. 동강 ··· 50
29. 슈샤인 보이 ·· 52
30. 늙은이의 눈물 ·· 54
31. 충청도 아줌마 ·· 55
32. Moon River ·· 56
33. 가을의 상처 ·· 58
34. 낯선 밤 ·· 59
35. 낙엽 ··· 60
36. 첫눈 ··· 61
37. 창밖의 여자 ·· 62
38. 눈꽃 ··· 63
39. 지옥의 묵시록 ·· 64
40. 장밋빛 인생 ·· 66
41. 낭만에 대하여 ·· 68
42. 코스모스 피어 있던 길 ·· 69
43. 슬픈 강화도 ·· 70
44. 산토리니를 꿈꾸다 ·· 72
45. 협궤 열차 ·· 74
46. 김밥천국 ··· 76
47. 한여름 밤의 꿈 ·· 78
48. 가을 들판에 서고 싶다 ·· 80
49. Whisky on the Rock ·· 82

🍁 나는 이해관계가 없는 사람을 만나고 싶다

세상 질긴 게 사람의 인연이다
탯줄이 끊기는 순간부터 관계는 시작된다
그럼 죽으면 끝나는가
그렇지 않다
죽어서 사랑하는 사람이 있고
심지어 죽어서 결혼하는 사람도 있다
죽어서까지 빚 갚는 사람
죽어서까지 밥 얻어먹는 사람
죽어서까지 사랑받는 사람
죽어서까지 미움받는 사람

누구에게나 잊혀질 자유가 있다
아니 잊혀지길 원하는 자유가 있다
관계를 끊는 방법은 잊혀지는 것이다

살다 보면 굳이 관계를 맺을 필요가 있나 싶을 때가 있다
생존이 걸린 관계라면야 십분 납득이 가지만
외롭다는 이유로 마구잡이식 인간관계는 좀 아니다 싶어
은퇴 후 귀촌했더니 같잖은 텃세에 시달리고

동호회 가입했더니 폭탄 회원의 진상
연락 없던 동창 놈은 모바일 청첩장 청구서

사실 따지고 보면
세상에 이해관계 무시하고 사는 사람이 얼마나 될까
어떻게든 엮이게 마련인 게 인간관계다
어차피 관계를 피할 수 없다면
이해에 얽힌 관계는 피하고 싶다

🍁 나는 내가 누구인지 모른다

살면서 자신이 누구인지 생각해 본 적이 있는가
뜬금없지만 한 번쯤은 돌아본 적이 있을 것이다
적지 않은 시간을 살면서 자신의 궤적을 돌아보지 않았을 리 만무하다
하긴 돌아본들 지난날의 후회만 파도처럼 밀려올 뿐
무슨 소용이 있겠냐마는
회상 차원에서의 과거는 그런대로 의미가 있지 않을까 싶다
모두의 시간과 과거가 공평하진 않지만
나름대로 내 자신의 공간만큼은
아무도 함부로 침범할 수 없다
오롯이 내 삶이 갇혀 있는 타임머신에서
빛바랜 사진 빼듯이 꺼내 보고는 싶다

가끔은 내가 누구인지 궁금하기는 하다
사람들은 자신에 대해 잘 안다고 생각하지만 실상은 잘 알지 못한다
마치 장님이 코끼리 더듬는 꼴이 되기 일쑤다
어느 누가 감히 코끼리 전체 모습을 그릴 수 있단 말인가
코끼리 전체 모습은 조물주 몫으로 양보하고 나는 그저 코끼리 다리 하나만이라도 그리면 다행이다

이제 와서
내가 누구인지 알아서 무얼 하겠나
굳이 알고 싶지도 않다
알아 봤자 화만 돋우고 후회와 실망만 들추어질 게 뻔한데
거기다 더해 내가 얼마나 후지고 형편없는 놈인지 들통나기라도 하면
누가 책임질 건가

🍁 내 머릿속엔 외계인이 산다

살다 보면
내 머릿속에 누군가 있는 것 같다는 생각이 든다
뜻대로 되지 않을 때가 그 증거다
그 증거는 무수히 많다
뜻대로 안 되는 출생과 사망
뜻대로 안 되는 부모와 자식
뜻대로 안 되는 공부
뜻대로 안 되는 연애
뜻대로 안 되는 취직
뜻대로 안 되는 결혼
뜻대로 안 되는 인간관계

내 마음 나도 모르게
꿈 같은 구름을 타고
천사가 손짓하는
그곳으로 날아가네

그곳은 어디일까
내 머릿속에 살고 있는 에일리언은
대체 어디서 온 걸까

천사가 미소 짓는 수백만 광년 떨어진
어느 별에서 온 그대인가
혹시 김수현은 알고 있을까

🍁 각자의 지옥

천국이 있는가
모두 천당의 문을 두드리지만
결국 천국이란 곳도 남이 만들어 놓은 곳이다
조물주가 만들어 놓은 타워팰리스에
선택된 높은 가점자만이 들어갈 수 있다
태어날 때부터 평생 인고의 고통과 절제를 감내한 자만이 가능하다
그것도 백 프로 보장은 없다
어쨌든 천국이나 지옥 모두 남이 만들어 놓은 임대물에 불과하다
다만 조물주가 만들어 놓은 절대 규칙은 있을 것이다

내가 컨트롤할 수 없는 곳이 바로 지옥이다
천국 역시 똑같은 이유로 지옥이다
인간은 애초에 태어날 때부터 지옥행이다
사람들과 부대끼는 모든 곳이 지옥이다
학교, 군대, 직장, 결혼, 가정 심지어 나 스스로도 지옥에 갇혀 산다

다들 저마다 나름대로 쇼생크 탈출을 기대해 보지만 어림없는 얘기다
지옥에서 도망갈 방법은 없다
서로 각자의 지옥에서 버틸 뿐

🍁 유비를 미워한 조조

"속을 알 수 없는 음흉한 놈"
"목적을 위해선 수단과 방법을 가리지 않는 놈"
고금을 통해 질투와 시기는 불변의 절대 진리
그 둘은 왜 평생 서로 미워하고 갈궈 대다 죽었을까
그 이유는 그 둘의 목표가 서로 같았기 때문이었을 것이다
단지 한 사람은 숨기고 한 사람은 드러내고 다녔다는 차이일 뿐

계급이 있는 모든 세상은 탐욕이 존재하고
탐욕의 진흙 구덩이에서 개처럼 뒹굴며 싸우다가 끝나는 게
인간의 삶이다
유비나 조조 역시 진흙 구덩이 속의 싸움개에 불과하다

선의의 경쟁 어쩌구
그럴듯한 말로 포장하지만
결국 욕망을 채울 싸움에 불과하다
선의의 경쟁
웃기는 얘기다

🍁 고독이 몸부림칠 때

고독은 극복하는 게 아니라 즐기는 것이다
멋있어 보이는 말 같지만 쓰잘데기없는 공허한 말이다
내가 생각하기엔
인생 자체가 고독의 연속이다
즐기고 자시고 할 만한 게 못 된다는 것이다
지옥에서 고통을 즐긴다는 말처럼 웃기는 얘기다

영화 〈고독이 몸부림칠 때〉를 보면
등장인물들은 고독하곤 거리가 멀어 보인다
조그만 어촌에서 허구한 날 싸움박질에 늙다리들의 삼각관계 등
자고 일어나면 어김없이 무슨 일이 일어난다
거기에 고독이 비집고 들어갈 틈이 없다
그런데 왜 제목이 〈고독이 몸부림칠 때〉인가
'군중 속의 고독' 뭐 그런 건가
아니면 고독의 역설을 말하려는 것인가
고독과 외로움의 공포로부터 벗어나고자
이렇듯 요란하고 시끄럽게 사는 것인가

톨스토이는 팔십이 넘어 이름 없는 시골 간이역에서 고독사했다
그는 생의 마지막에 왜 그런 선택을 했을까
도저히 참을 수 없는 고독의 결과인가
아니면 고독에서 벗어나려는 처절한 마지막 몸부림이었나
절망이 죽음에 이르는 병이라고 했지만
고독이야말로 죽음을 부르는 병은 아닐까

🍁 그대 생각

배철수의 〈콘서트 7080〉을 보다가
이정희를 보았다

그녀를 만난 건 우연이다
때론 우연한 만남이 충격으로 다가온다

스물한 살 풋내 나는 청순함은 간데없고
세파에 시달리며 우여곡절이 적지 않았을
주름진 삶의 얼굴로 노래한다

오랜 잊힌 시간을
그녀는 어찌 살았을까

불안정한 이십 대를 위태롭게 지나치며
이정희에 시름을 달래던
한없이 맥없던 청춘

그때 나는 왜 이정희에게 마음을 주었을까
살다 보면 이유 없이 끌리는 사람이 있다

후드티 청바지 차림에 통기타
약간 일그러진 입술
신선한 목소리
바이올린 선율

어쨌거나 늙는다는 건 유쾌한 일은 아니다
스무 살 그녀와 환갑의 그녀는 결코 같을 수는 없다

꽃이 피는 길목에서
화사한 웃음으로 그녀를 맞고 싶다

🍁 일용엄니

우리 모두는 일용엄니를 안다
배우 김수미가 아니라 진짜 일용엄니를 오랫동안 알고 지냈다

동네마다 마을마다
무슨 일이 생기면 일용엄니가 슈퍼맨처럼 짠 하고 나타난다

추억의 오지라퍼
전설의 오지라퍼
막말의 오지라퍼

유리 긁는 고주파의 목소리는 소름 돋는 전매특허
아마도 빠진 이빨 사이로 빠르게 통과하는 공기의 진동 탓일 게다

그나저나 그녀는 언제부터 동네의 해결사가 됐을까
나는 그녀가 게리 쿠퍼나 존 웨인보다도 멋져 보였다

사람들은 때론 무모한 푼수데기에 열광한다
갑갑하고 답답한 세상
누가 나 대신 시원하게 뚫어뻥이 되어 줄까

은실이

CBS FM을 듣다가
피아니스트 김정원이
극작가 이금림 선생의 아들이란 걸 알았다
그가 진행하는 아침 방송은 거의 매일 듣고 있다
이금림 하면 누군가
〈복희 누나〉〈은실이〉로 대표되는 복고풍 감성주의의 대가 아닌가
구질구질한 가난한 시절이 들추어지는 걸 좋아할 사람은 없다
그럼에도 왜 은실이에 채널이 돌아가는 걸까
끔찍하게 궁상맞은 집구석에서
은실이와 복희 누나의 탈출구는 보이질 않는다
이금림은 절망의 수렁에서
용케도 그녀들을 빼내는 재주를 가졌다

사람들은 익숙한 것에 눈이 간다
기억하고 싶지 않은 지긋지긋한 과거도
애써 외면하면 할수록
오래된 상처를 후벼 파듯
은실이는 계속 재생된다

🍁 시장 아줌마

아마도
그녀를 처음 봤을 때
삼십 년 전 알 수 없는 어느 날
삼십 대 젊디젊은 농익은 아낙이었다
시장 모퉁이 어슬렁 돌 때마다 흘깃 곁눈질
의뭉한 나를 숨기곤 했다

말을 건 적은 한 번도 없었다
생각해 보면
물건 하나쯤 사 줄 법도 했을 텐데
숫기가 없었다

세월은 쏜살같다
골 깊은 주름의 시간이 무심하다

그녀와 나는 어떤 종류의 인연일까
옷깃을 스치는 찰나조차 허락지 않는
얄궂은 운명의 장난일까

초록재 다홍재로 남은 그녀는
아무 일도 없었다는 듯
황망하게 그냥 사라졌다

Chan Chan Chan

부에나 비스타 소셜 클럽이 백악관 공연을 마친 후
오바마가 말했다지
"나도 저들처럼 늙고 싶다"
백악관 공연 당시 원년 멤버는 거의 다 타계하고
팔십오 세의 오마라 할머니뿐이었다

쿠바에 가 본 적은 없다
그러나 쿠바에 대해 이것저것 주워들은 것은 있다
체 게바라, 혁명 광장, 담배, 말레콘 해변의 일몰
방파제를 넘어온 파도를 뒤집어쓰며 달리는 올드카
짙은 코발트색의 카리브해 하늘과 바다

죽기 전에 말레콘의 석양을 볼 수 있을까
아바나의 거리에서
부에나 비스타 소셜 클럽의 노래를 들을 수 있을까

이브라힘 페레르의 목소리와
사람 좋은 얼굴의 콤파이 세군도 할아버지의 주름진 웃음이 그립다

🍁 산 너머 남촌에는

열아홉 물정 모르는 처녀는
산 너머 마을에
세끼 걱정 없게 해 줄 집이 있다고
등 떠미는 제 어미를 눈물로 원망하며
그렇게 시집을 갔다

고추 당초보다 매운 시집살이
닦달해 대는 시어미는 저승사자
어린 새댁은 어금니 앙다물고
처절한 인고의 세월을 버텼다

세월은 쏜살같다
무심했던 신랑은
밖으로만 돌다가 젊은 나이에 사라졌다
성질 사납던 시어미도 십수 년 치매로 마감했다

이제 할미가 된 열아홉 철없던 처녀는
제라늄 만발한 아파트 베란다 너머를 바라본다
산 너머 남촌에는 누가 살고 있을까

봄비

질척대는 술주정뱅이 찐짜 붙듯
지분거리는 봄비
어째서
봄에 내리는 비는 느물대는가
처녀 희롱하는 동네 건달마냥
봄비는 음흉하다

양털같이 나른한 봄날
햇빛을 만끽할 즈음
느닷없는 빗줄기
숨죽이며 쳐들어온 적군처럼 음험하다
말없이 떠난 여인이
적군처럼 돌아올 리는 없다

봄비 속에 떠난 사람 봄비 맞으며 돌아왔네
어느 봄비 적시는 날
파전에 막걸리
왠지 이은하의 넉넉한 목소리가 듣고 싶다

산돌림

성난 비를 보았는가
발칸포처럼 집중포를 퍼부어 대는 아내의 입술
나는
그 입술에 입 맞추고 만다

아내의 산돌림
누가 그녀를 화나게 만들었는가
아무도 없는 차디찬 계곡에서
무자비한 비를 맞는 일은 무섭다

비 내리는 산은
어둡고 음습한 아내의 동굴
나는
그 동굴에서 빠져나와야 한다

🍁 월량대표아적심

등려군을 아는가
청년 시절 테이프가 늘어지도록 들었던
〈월량대표아적심〉

그러고 보니
한동안 등려군을 잊고 있었다
젊은 마흔에 요절한 탓도 있겠지만
등려군에 가슴 졸이던 젊은 시절이
아득히 먼 기억으로 흐려져 있었기 때문이리라

초로의 길목에서
어째서 그녀가 생각났을까

뜬금없는 기억
아련한 추억 너머 저편
어디엔가 숨어서
오라는 건지 가라는 건지 손사래
서늘한 밤
추워 보이는 조각달이
내 마음을 대신한다

양변기

똥 덩어리라는
불가해한 유기물을
혹은
세상의 모든 배설의 집합체를
너는
놀랍게도 무덤덤하게
비장함이 느껴지는 의연함으로 받아 내는구나
세상의 생명체 중 가장 더럽고 추한 인간의 궁뎅이
너는
어쩌다 그것을 거리낌 없이
기꺼이 허락하고 마는 것인가
타고난 팔자치고는 가엾고 기구하구나

눈

내리는 눈 보고 좋아하는 건
강아지와 어린아이 철없는 어른뿐
어린 시절
이른 아침 내리는 눈 밟는 걸 좋아했다
뽀득뽀득 꽈리 터지는 눈 발자국 소리
잿빛 하늘 빽빽한 눈발이 좋았다

철들고 보니
아무리 어린아이지만
그 광경을 즐겼다는 게 부끄러웠다

가난한 달동네에 내리는 눈은 서글프다
난방 걱정에 서럽고
막노동 일당 공치니 애타고
눈 쌓인 비탈길 리어카 끌 일에 걱정이다
세상 그 어떤 아름다움도 치열한 삶을 넘을 순 없다
내리는 눈을 즐긴다는 건
굉장한 사치고 특권이다

보헤미안 랩소디

프레디 머큐리 하면
런닝구 바람에 허공에 대고 주먹질하는 모습밖엔 떠오르질 않는다
뻐드렁 이빨 사이로 쉴 새 없이 튀어나오는 침방울
고난도 옥타브의 소름 돋는 가창력

그는 자신을 보헤미안 집시라고 생각했을까
식민지 이방인의 삶이 그리 녹록지 않았을 터
그를 지탱해 준 건 아마도 음악과 집시의 자유로움이었을 것이다

인종 차별과 멸시 속에 저항하듯 뿜어 대는 절규
상처투성이 짐승처럼 울부짖는 몸짓

모두 그의 노래에 열광하지만
그의 상처와 아픔은 알지 못한다

🍁 배미향의 저녁 스케치

배미향을 아는가
삼류 화류계 예명 같지만 엄연한 CBS FM DJ다
어쨌거나 그녀의 목소리를 듣기 시작한 것도 이십 년 가까이 됐다

푸근한 목소리
나이 들수록 편안한 목소리가 좋다
연륜에서 묻어나는 관록 있는 여인의 넉넉한 여유로움
따뜻한 가슴과 군더더기 없는 깔끔한 멘트

때론 사람의 목소리가 매력으로 다가올 때가 있다
꼭 쟁반 위에 옥구슬 굴러가는 소리일 필요는 없다

그녀의 목소리는 어스름 저녁의 분위기와 절묘하게 어울린다
구름 사이의 노을과 모니카 마틴의 노래가 어우러지면
그야말로 환상적이다

오십 초입에 만난 그녀는
길다면 긴 시간을 내 마음속에 어떻게 자리하고 있는가

살다 보면
처음부터 끌리는 사람이 있다
좋아하는 데 이유는 없다
그것은 왜 사랑하느냐고 묻는 어리석은 질문과도 같다

배미향을 보면
저렇듯 세련되고 우아하게 늙어 갈 수 있다는 게 놀랍다

🍁 Dust in the Wind

세월이 꽤 흘렀지만
아직도 최동욱, 이종환, 김기덕으로 대표되는
판돌이 전성시대가 있었다
아득히 먼 고릿적 얘기처럼 들리지만
그리 멀지 않은 시절이다

잘 익은 김치처럼
언제든 꺼낼 수 있는 추억은 아름답다

때론 잠깐의 추억이 평생 또렷이 각인될 때도 있다
그런 추억이 즐겁게도 하고 괴롭게도 한다

70년대 말은 암울한 질곡의 시대를 마감하고 있었다
그즈음 어수선한 마음을 달래 주는 캔사스의 노래가 다가왔다
바이올린과 기타의 아르페지오 음률이 묘하게도
음울한 시대 분위기와 대조를 이루었다

바람에 날리는 게 어디 꽃이나 먼지뿐이겠는가
살다 보면 먼지는 고사하고 이리저리 나뒹구는

코 푼 휴지 조각만도 못한 게
인생이란 생각도 든다
광대한 우주에 한갓 미물에 불과한 사람이
먼지와 다를 게 뭐가 있겠는가
조물주 입장에서 보면 그놈이 그놈일 것이다

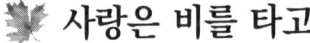 사랑은 비를 타고

그 영화를 본 건 중학교 때 〈주말의 명화〉에서였어
아버지가 어디서 구해 왔는지 문짝이 떨어진 중고 도시바 진공관
TV를 가져온 토요일이었어

삐쩍 마른 웬 사내가 검은 양복 차림으로
비 오는 밤거리에서 우산을 들고
장난치듯 춤을 추던 모습이 인상적이었어
마지막엔 경찰이 다가와 지켜보자
씨익 웃음을 날리곤
빗속으로 유유히 사라지던 장면은 아직도 멋져 보여

그 남자가 진 켈리라는 유명한 뮤지컬 배우라는 걸 나중에 알았어
그가 부르는 〈Singing in the rain〉은 뮤지컬의 고전이 되었다지
아무튼 퍼붓는 빗속에서 저렇듯 행복한 표정으로 춤을 출 수 있다니
어린 나에겐 충격으로 다가왔지
그 시대 우리에겐 낯선 풍경이었고 자유로운 그들이 부러웠지

뮤지컬이 뭔지도 모르던 시절
브로드웨이가 뭔지도 모르는 시절

기껏해야 존 웨인이나 클린트 이스트우드,
마카로니 웨스턴에 빠져 있던 시절

어릴 때 겪은 문화 충격은 생각보다 훨씬 오래 각인돼
좀처럼 떠나지 않는 기억으로 남아 평생 주위를 유령으로 맴돌아

🍁 닥터 지바고의 발랄라이카

"사람들을 위해서는 의사가 되고 싶지만
나를 위해선 시를 쓰고 싶어"
파리 유학에서 돌아온 유리 지바고가 약혼자 또냐에게 한 말이다
러시아 혁명의 격랑 속에서 겪는
인물들의 다양한 모습이 인상적이었던 영화다
아카데미 미술상을 받을 만한 수려한 영상미와
모리스 자르의 〈라라의 테마〉가 압권인
〈닥터 지바고〉는 오래도록 여운이 남는 영화다

고아가 된 일곱 살 지바고가 메고 있던
러시아 민속 악기가 발랄라이카란 것도
그때 처음 알았다
악기 하나가 뭔 대수냐고 하겠지만 소설이나 영화 전편을 꿰어 주는
말하자면 연결 고리 역할을 한다
입양된 지바고가 메고 있던 발랄라이카를 그의 딸이 메고 떠나는
마지막 장면은 시니컬하다
아마도 자기가 들고 있는 발랄라이카가
제 아비 유리 지바고의 유품이라고는
전혀 몰랐을 것이다

🍁 빗속의 여인은 오지 않는다

비만 오면 괜스레 거리로 뛰쳐나와 하릴없이 배회하는 사람이 있다
레인코트 깃을 세우곤 세상의 고뇌란 고뇌는 다 짊어진 것마냥
똥폼 잡고는 빗속을 헤매고 다닌다
그들은 어째서 비나 눈만 오면 벼룩처럼 튀어나오는가
인간은 본시 물에서 나왔으므로 회귀 본능 때문에 그러는 걸까
아니면 껀수 하나 잡으려고 수작을 부리는 걸까

빗속을 거니는 여인
언뜻 멋져 보이지만 좀 이상하단 생각 안 드는가
하긴 꽃 보고 좋아하는 여인이나 빗속을 거니는 여인이나
별반 다를 게 없다는 생각은 든다
꽃을 과하게 좋아하는 여인에겐 관대하고
비 내리는 거리를 쓸데없이 쏘다니는 여인은
제정신인가 의심하는 것은 무슨 심보인가

아주 예전에 길 가던 젊은 여인이 전파사에서 흘러나오는
〈Singing in the rain〉를 듣고 가려는지 한동안 그 가게 앞에서
서 있던 모습이 떠올랐다
그때 그 빗속의 여인도 레인코트에 우산을 쓰고 있었다

🍁 아이돌

그리 옛날도 아니었어
우리 동네에 서커스단이 들어왔지
단장은 동네 골목을 어슬렁거리며
이집 저집 염탐하듯 기웃거렸지
왜냐고?
서커스에 필요한 인재를 찾기 위해서지
주로 찢어지게 가난한 집 예닐곱 정도의 아이들이 타깃이었는데
식구 많은 가난한 집 계집애는 캐스팅 영순위야
그 시절
달동네의 최대 고민은 어떻게든 입 하나 줄이는 게 지상 과제였어
그래서 부잣집 식모로 보내는 게 유행일 정도였지
우리 집도 마찬가지였어
어떻게든 입 하나 더는 프로젝트에 내가 발탁이 된 거야
나는 등 떠미는 아부지 어무이를 뒤로하고 단장을 따라나섰지
말하자면 요즘 말로 길거리 캐스팅이었던 거야
마지막까지 배웅이랍시고 따라나서 준 건 소꿉친구들이었어
달려오며 손을 흔들던 친구들 모습이 아직도 눈에 선해
그 애들의 웃던 모습이 내가 부러워서인지
아니면 안돼 보여서인지는 모르겠어

어쨌든 난 서커스단의 정식 단원이 되었고 혹독한 훈련을 견뎌야 했어
그네타기, 덤브링, 누워서 통굴리기, 외발 자전거 타기 등등
밥 굶기를 밥 먹듯 하고 어떤 때는 매를 맞기도 했지
스무 살이 넘어가자 조금은 대우를 해 줬어
스물세 살엔 같은 동료인 차력사와 결혼도 했어
남편은 생긴 거완 다르게 여성적인 착한 남자였어
굵은 철근을 목으로 구부리는 특수한 재주를 가졌는데
나중엔 입에다 휘발유를 머금고는
용가리처럼 불을 내뿜는 재주를 업그레이드했지
우리 부부의 재주를 높이 산 단장은 서커스단 최고의 대우를 해 줬어
그때는 이효리 못지않은 인기를 누리기도 했어
딘징은 업계의 특성상 양아치들이 많은 곳에서 그런대로
양심적인 사람이었어
어디에든, 설사 그곳이 개차반 밑바닥이라도 드물지만
괜찮은 사람은 있어
그래서 사람을 잘 만나야 한다는 거야
난 사십 정도에 현업에서 은퇴하고 서커스단 부단장까지 지내고는
퇴사했지
자식들도 개천에서 용 났다고 칭찬이 자자해

첫째는 박사 연구원 둘째는 교사 막내는 삼성전자
지나고 보니
인생이 별건 없어 그냥 주어진 현실에 죽어라 하고 적응하는 거야
그러다 보면
언젠가는 먹구름 걷히고 해뜰날이 온다는 거야
지금은 아파트에서 손주 새끼들 보는 재미로 살고 있지

🍁 태양은 가득히

늙은 알랭 들롱을 본 적이 있는가
노인이 된 알랭 들롱을 상상이나 해 봤나
우리 어릴 적 그는 남자 모두의 적이었다
질투와 시기, 부러움의 대상이었다
일본 작가 시오노 나나미는 그에 대해
"미남이긴 하나 천박함이 배어 있다"라고 말한 적이 있다
어쨌거나 그가 불세출의 미남인 건 맞다

프랑스 누아르에 어울리는
깊이를 알 수 없는 우수에 젖은 서늘한 눈빛
뭔가를 향한 분노에 찬 표정

동서고금 리플리 증후군에 대한 얘기는 많다
수많은 리플리들이 탐욕과 허위의 가짜 인생의 수렁에서 죽어 갔다

사실 사람들은 알게 모르게
남의 삶을 흉내 내고 있는지도 모른다
따지고 보면 온전한 나만의 삶이 어디 있겠나

어쨌든 뻔한 줄거리의 〈태양은 가득히〉에서
남프랑스 코트다쥐르의 강렬한 태양은
알랭 들롱의 욕망 그리고 구릿빛 가슴과 절묘하게 어울리긴 한다

지옥에서 살아남기

지옥에서 살아남는 방법은
나 자신이 겪고 있는 지옥보다
더 혹독한 지옥을 만드는 것이다

저마다 눈을 뜨면 지옥으로 출근한다
직장으로, 시장으로, 공사장으로, 논과 밭으로
육해공 지옥으로 출근한다

지옥은 극복의 대상이 아니라
주어진 숙제를 해야만 하는
학생의 숙명 같은 것이다

지옥 탈출은 불가능하다
내가 선택할 수 없다면
버티는 수밖엔 없다

그곳에도 뭔가 존재할 이유는 있을 것이다
지옥에서의 사랑
지옥에서의 행복

지옥에서의 승진
지옥에서의 성공
지옥에서의 노후

천 년 만에 한 번씩 똥통에서 나와
주어진 5분간 휴식 시간에
커피 한 잔 마실 수 있다면
그리 나쁘지만은 않은 지옥이다

🍁 한방의 부르스

가진 것 없어도 시시한 건 죽기보다 싫은 적이 있었지
폼생폼사 가오에 죽고 가오에 산다
싸구려 비니루 구두에 침 발라 신고
이대팔 가르마 머리엔 쇠똥 냄새 나는 찍구 바르고
팬시리 거리를 어슬렁거린다
주머니엔 쓴 커피 한 잔 값도 없으면서
그땐 왜 그랬을까
그게 멋있다는 생각에 그랬을 것이다
지나고 보니 유치찬란하기 그지없는 짓이었다
성숙하지 못한 치기는 청춘의 특권이지만
지금 생각하니 쪽팔리긴 하다

주택복권 사던 시기도 그즈음일 것이다
"준비하시고 쏘세요"
화살이 날아가 꽂히는 숫자에 가슴 졸이던 시절
〈응답하라 1988〉에서 주택복권에 당첨된 정봉이네가
서로 부둥켜안고 울던
모습이 그 시절 모두의 꿈이었다

주택복권이 로또로 대체됐지만 한방에 대한 열망은
그때와 별반 다를 게 없다
오히려 지금의 로또에 대한 욕망이 더하면 더했지 덜하지 않다

이번 일만 잘되면
세상은 한방이야

벼락부자를 꿈꾸던 그 수많은 사람들은 지금은 무얼 하고 있을까
더러는 실제로 돈벼락을 맞은 사람도 있을 것이다

배우 강수연이 말했다지
돈이 없지 가오가 없냐고

 동강

"동쪽에서 흘러와서 동강인가. 동쪽으로 흘러가서 동강인가"
영화 〈라디오 스타〉에서 안성기가 박중훈에게 묻던 말이다

오래전 영월에 간 적이 있었다
제대 말년에 펜팔로 알게 된
순임이란 이름의 여자를 만나기 위해서였다
영월 우체국에 다닌다는 그녀는
사진 한 장 본 적 없는 미연의 여인이었다
만난다 해도 딱히 할 말이나 설렘 같은 건 없었다
그냥 순전히 호기심으로 만나 볼 요량이었다
어쨌든 만나기로 한 터미널 다방에서 두 시간을 기다렸으나
그녀는 나타나질 않았다

부슬거리는 봄비가 돌아서는 바람맞은 남자를
더욱 처량한 신세로 만든다
비 맞은 후줄근한 어깨는 무겁다

기왕 영월에 온 김에 동강이나 구경할 생각으로 나루터로 향했다
이팝나무 한 그루 서 있는 나루터에서 건너편 사공을 부르니

내 또래의 젊은이가 배를 댔다
상앗대를 미는 청년의 힘 있는 팔뚝이 인상 깊었다
생긴 거완 다르게 말수가 많은 청년이었다
어디서 왔냐고 물었고 자기는 대처로 나가 회사원이 되는 게
꿈이라고 했다
사실 그때 나 역시 백수였으므로
딱히 그에게 뭐라 말할 처지는 아니었다

비 오는 동강의 풍경은 무척이나 인상적이었다
비 젖은 바위와 풀 죽은 개망초, 빗방울 튀기는 강물의 조용한 파문
아무튼 그날의 기억은 비 내리는 동강에서 멈춘다

TV에서 영화 〈라디오 스타〉를 보다가
갑자기 동강에 가 보고 싶어졌다
나루터의 이팝나무는 아직도 서 있을까
도회지에서 회사원이 꿈이라던 뱃사공 청년은 어떻게 됐을까

🍁 슈샤인 보이

구두를 닦으세요
구두닦이를 아는가
그리 옛날도 아니다
딱새라 불리며
찍새라는 보조까지 거느린
역전이나 극장 앞을 나와바리로 삼는
엄연한 사업가다
실제로 국민학교 마치기도 전에
딱새의 길을 간 친구 중에 건물 올린 놈도 있다

그 어려운 시절에
구두 닦을 형편이 되겠느냐마는
생각보단 사업이 쏠쏠했다
건달들의 구둣발에 차여도
꿋꿋이 구두통만은 온몸으로 지켰다
처절한 삶의 현장
검은 손가락으로 불광 물광 광내면
구두에 앉은 파리 바로 낙상 사고

세월은 흘러
이젠 시대의 유물이 된 구두닦이
노인이 된 구두닦이
역전에서
극장 앞에서
만나고 싶다

🍁 늙은이의 눈물

늙으면 눈물이 많아진다는데
살아온 인생이 서러워 눈물 나고
철없던 청춘 그리워 눈물 난다

흘러간 청춘이 돌아올 리 없지만
그리워할 순 있다

추억해 봤자 별건 없다
기억이란 게 명확하지도 않다
희석된 물감처럼 색채도 분명하지 않다

눈물이 나는 건
순전히 과거의 일 때문이다
기억하고 싶은 과거
기억하기 싫은 과거

늙어서 뒤를 돌아볼 수 있는 사람은
그래도 형편이 나은 삶을 살아온 사람이다
죽는 날까지 돌아볼 겨를도 없이
줄창 내닫기만 하다
어느 날 갑자기
쓰러져 죽는 사람이 불쌍한 거지

🍁 충청도 아줌마

오기택을 아는가
나 어릴 적
남진 나훈아보다 호기롭게 생긴
그가 좋았다
도시적인 외모와는 달리
촌스런 노래 속에 왠지 진솔한 넋두리가 배어 있다
그게 술주정이어도 좋다
술 취한 대폿집 여자와
밤새도록
네 설움 내 설움을 달래 보는 일이
그 어떤 종교 의식보다 숭고하다
굳이 충청도 아줌마가 아니어도 좋다
넉넉한 품을 가진 투박한 작부여도 좋다
술기운 빌린 객기나 주책이라 치부하지 마라
당신은 누군가에게 한 번이라도
진정 속을 내보인 적이 있는가
살면서
누군가에게 내 속을 털어놓을 수 있다는 건 행운이다
세상 그 누구도
타인에 관심 없다
그냥 관심 있는 척할 뿐

🍁 Moon River

갑자기
저세상으로 떠난
오드리 헵번이 생각났다
느닷없는 추억의 소환은 즐겁기도 하고 슬프기도 하다
슬프다는 건
추억의 대상물이 죽었거나 사라졌기 때문이다

그녀는 나에게 무엇으로 기억되는 걸까
뉴욕의 허름한 아파트 비상계단 창가에 기대앉아 잠옷 차림에
초점 잃은 눈으로
신세 한탄 하듯 노래하던 모습
힘없이 튕기는 기타는 달빛에 슬프다
시골 출신 여자가 닳고 닳은 번잡한 뉴욕에서 살아남기란 녹록지 않다
게다가 신분 상승을 꿈꾸는 낮은 계급의 여자에겐
도시의 삶이 벅차기만 하다

사랑 앞에 현실은 냉혹하다
김중배의 다이아몬드냐 이수일의 사랑이냐
오드리 헵번은 마지막 순간에 가난한 작가를 택하지만

현실에서는 대개 김중배에게로 간다
동서고금 신데렐라는 매력적인 주제지만
거기엔 치명적인 독이 있다
등불은 불나방을 끌어들여 불태우고
불나방은 등불을 다이아몬드로 여긴다
서로 불순한 의도가 상충하는 부분이다
비즈니스가 사랑으로 둔갑하고 포장될 때 비극은 시작된다

화려한 은막 생활을 뒤로하고
오드리 햅번은 마지막 남은 생을 아프리카 구호 활동으로 마감한다
쉽지 않은 선택이었을 것이다

서늘한 가을밤
오드리 햅번이 그립다
그녀의 영화가 보고 싶다

가을의 상처

죽어 가는 이파리
나뭇가지를 긁으며 떨어진다
혼자 죽기 억울하다는 듯
나무를 손톱으로 할퀴며 생채기를 낸다

마지막 잎새의 손을 놓는
나뭇가지의 심정은 어떤 것일까

비처럼 쏟아지는
낙엽 사이로
젊은 남녀가 서 있다
그들은
헤어지는 걸까
아니면
사랑을 약속하는 것일까

가을의 이별
가을의 아픔
사람들은 왜 가을에 이별하고 떠나는가
모든 떠난 것들의 자취는
서럽고 쓸쓸하다

낯선 밤

밤에 떠난 여인을 아는가
그녀는 막차로 떠나갔다
불 꺼진 대합실 벤치에 앉아
떠난 여인의 마지막 자취를
남자는 어떻게 느꼈던 것일까

막차는 어둠 속으로 금세 사라지고
습기 가득 머금은 싸늘한 밤공기만이
쓸쓸함을 더 재촉한다

만나면 헤어진다는
그 단순한 이치를
왜 몰랐을까

밤에 만난 낯선 여자는
설레면서도 두렵다

 낙엽

모든 떨어지는 것은 슬프다
떨어져서 슬픈 게 아니라
사라지고 잊혀져서 슬프다

풍파 세월을 견딘 이파리 한잎

세상에 우아한 죽음이 있을까

수의 입은 누런 잎새
길바닥에 내동댕이쳐져
이리저리 휩쓸리다가
구석에 처박히면
온갖 잡쓰레기와 함께
미화원 쓰레받기 속으로

신록의 계절 어쩌구 하며
화양연화를 보냈을 낙엽
마지막은 쓰레기 소각장에서 생을 마감한다
어찌 그리 사람의 생과 꼭 닮았을까

🍁 첫눈

첫눈인지는 모르겠다
아마도 아닐지도 모른다
때론 기억이 정확하지 않을 때도 있다
그러므로
굳이 첫눈에 의미를 두고 싶진 않다

사람들은 첫 번째에 유난히 의미를 둔다
아다라시 어쩌구
한물간 88년도 가수왕 박중훈이 영월방송기지국 첫 방송에서
가래침 뱉으며 멘트를 날리던 장면이 떠올랐다
"내가 누군데"
지방 방송의 DJ로 전락한 왕년의 가수왕은
지금 자신의 처지를 인정할 수 없다

눈도 마찬가지다
첫눈 어쩌구 하면서
사람들의 환호를 받으며 땅을 밟는 순간
그들로부터 짓밟히고 버려진다

세상 간사한 게 사람의 마음이다
박중훈도 그것을 깨달았을 것이다

🍁 창밖의 여자

예나 지금이나
조용필을 듣다 보면
찢기는 목소리와 우수에 찬 얼굴
그리고
알 수 없는 고뇌와 상처로 범벅이 된 몰골의 작은 몸뚱아리에
전율을 느낀다
"한번 들어 보쇼"
뭔가 하고 싶은 고백을 노래로 하는 듯
최대한 불쌍한 얼굴로 읍소하듯 노래한다
분칠하고 나오는 여느 가수와는 달리
진실로 자신의 말을 들어 달라는 간절함이 배어 있다
그는 무슨 말을 하고 싶은 걸까
어린 시절 실연의 아픔이야 흔한 경험이지만
언젠가 방송에서 자신의 실연을 잠깐 흘린 적이 있었다
사연이야 어찌 됐든
버스하고 여자는 5분 지나면 또 온다지만
헤어진 여자의 자취는 생각보다 오래간다
눈 감으면 떠오르고 눈 뜨면 사라지는
기억에 착 달라붙어 거머리처럼 좀처럼 떨어지질 않는다

눈꽃

천승세는 혜자를 어찌 알았을까

밤새 내린 눈밭을
정신이 온전치 못한 제 어미가 눈밭에 싼 오줌 자국을
시린 조그만 발로 눈꽃을 만든다

그 어리고 슬픈 눈으로
제 어미의 무거운 삶을
어찌 감내하고 있었을까

나는 혜자가 기억의 저편 구석에 숨어 있다가
느닷없이 도깨비처럼 튀어나온 것에
잠을 이루지 못했다

생각해 보니
천승세를 만난 건 혜자 때문이었을 것이다

천승세는 혜자와 어떤 인연이었을까

지옥의 묵시록

베트남 전쟁 영화를 보다 보면
전쟁 영화라기보다는 괴기스런 오컬트 무비에 가깝다
사이공의 매음굴, 땅굴, 부비트랩, 불태워지는 마을, 네이팜탄, 건십,
마리화나, 아군끼리의 살인

〈지옥의 묵시록〉은
인간의 본성이 무엇인가를
한 번쯤 생각하게 한다

튀어나온 이마, 일그러진 입
중얼거리는 듯한 목소리
음울하고 괴팍하게 생긴 얼굴

말론 브란도는 악인가
마틴 쉰은 선인가
과연 진정 선과 악은 존재하는가

어쩌면 전쟁이 종교화될 수도 있다는 생각이 든다

전쟁 미치광이 말론 브란도의 공포는 종교다
어디서 본 듯한 모습 아닌가
본시 사이비 종교는 공포의 조장으로부터 태어난다
극한의 공포는 인간을 괴물로 만든다
선과 악이 교차되는 지점에 말론 브란도가 있다

🍁 장밋빛 인생

에디트 피아프를 보면
한 인간이
그렇게 태어나서
저렇게 죽을 수도 있는 데 놀랐다

비천한 출신이야 주변에 흔하지만
단순히 불쌍하다는 차원을 넘어
연민의 정마저 느낀다

에디트 피아프가 누군가
프랑스의 국민 가수 아닌가
우리로 치면 이미자 정도일 것이다

사람의 인생에 어찌 굴곡이 없으랴마는
그녀의 사람, 결혼, 성공 모두
자신이 처한 불행으로부터 벗어나기 위한
처절한 몸부림에 지나지 않았다

어쨌든 노래하는 작은새는
파란만장한 삶을 살다 갔다
그녀가 꿈꾼 장밋빛 인생은
그 어디에도 없었다

꿈꾸던 슬픈 작은새의 행복은 무엇이었을까

🍁 낭만에 대하여

비 오는 날 옛날식 다방에 앉아
도라지 위스키 한 잔 시켜 놓고
"오늘은 왠지"를 연발하며 알록달록한 싸구려 하와이안 남방샤스
촌스런 판돌이의 너스레를 듣는다
때마침 최헌의 〈가을비 우산속〉이 구색을 맞춘다
엉덩이를 실룩대며 테이블 사이를 헤집는 레지 아가씨의
껌 씹는 소리가
음악의 리듬과 묘하게 어울린다
오십 정도로 보이는 이미 한물간 마담은 카운터에 앉아 졸고 있다

그 시절엔 왜 하필이면 다방 구석에서 낭만을 찾았을까
하긴 가난한 청춘이 갈 만한 곳이 별로 없었기 때문이리라
기껏해야 남산이나 덕수궁 돌담길, 명동, 정동길 정도일 것이다

다방에서 낭만을 찾던 세대는 색 바랜 사진첩에서나
볼 수 있을 것이다

🍁 코스모스 피어 있던 길

나 어릴 적 흔해 빠진 게 코스모스였지
등굣길 학교 앞까지 사열하듯 양쪽으로 늘어선
코스모스 길을 잊지 못해

꼭 아이의 키만 한 코스모스
그 무렵 초가을 코스모스는 왜 그리 슬펐을까
학교가 파한 후 집에 가 보니 검둥이가 없었어
눈도 못 뜬 새끼 때부터 내가 키운 검둥이
아버지가 개장수에게 팔아넘겼다는 걸 알았어
나는 뒷산에 올라가 펑펑 울었어
그러고는 긴 코스모스 길을 내달리기 시작했지
흐르는 눈물이 빗물처럼 앞을 가렸어
눈물이 뺨과 귓불을 타고 길옆의 코스모스로 흩뿌려지는 듯했어
나는 초등학교를 졸업할 무렵까지 거의 실성한 아이처럼 지냈어
그 이후 지금까지 나는 개를 비롯한 그 어떤 동물도 키운 적이 없어

가을이 되면 어김없이 아파트 뒤 낮은 공원에 코스모스가
산책로를 따라
줄지어 늘어서 있겠지

슬픈 강화도

그 섬에 갈 때마다 느끼는 거지만
슬프고 서럽단 생각이 든다
조그만 땅에 돈대, 진, 보 등 군사 시설이 왜 그리 많은가
몽골에 당하고 미국과 일본 프랑스에 유린당한 비극의 땅

병인양요 때 프랑스 해군 장교 쥐베르는 귀국 후 출간한
자신의 책에서
"작고 힘없는 조선이란 작은 나라에는
아무리 가난하고 초라한 집이라도
책 몇 권은 있다는 데 놀랐다"라고 적고 있다
자존심 강한 프랑스인이 조선의 빈가를 부러워하다니
믿기지 않지만 사실이다

강화도 다리에서 내려다보면
몽골군이 감히 섬에 들어오지 못한 이유를
충분히 알 것 같다
물의 흐름이 진도 울돌목 저리 가라다

질곡의 역사를 고스란히 몸 바쳐 겪은 땅
모진 목숨이 거친 물살처럼 사납다
사납지 않으면 살아남기 어렵다
내 땅을 지키기 위해선 그래야만 한다

🍁 산토리니를 꿈꾸다

예전부터 산토리니에 가 보고 싶다는 생각은 있었어
생각만 그렇지 그게 어디 쉬운 일인가
거리도 거리지만 그깟 코발트빛 지중해와 석양을 보자고 거금을
쓰기엔 좀 아깝다는 생각은 들어

섬의 집들이 전부 하나같이 회로 떡칠해 놓은 것도 그렇고
파란색 지붕들이 너무 인위적이란 느낌이야
혹시 누가 돈을 대 주면 못 이기는 척 가 볼 의향은 있어
말하자면 내 돈 주고 갈 생각은 없다는 거야
대신 삼척의 콘도 옥상에 가면
산토리니의 포토존에서 사진은 남길 수 있을 거야
다만 지중해 대신 코발트색 비스무리한 드넓은 동해 바다를
만끽할 수 있어

내가 보기엔
산토리니 별거 아냐
어쩌다 보니 석회질의 흰색 벽과 지붕의 파란색이
지중해 바다 색깔과 잘 어울렸던 게지
돌 깔아 놓은 좁은 골목엔 수많은 인종이
서로 어깨 부딪치며 복닥거릴 뿐

아무튼
산토리니 갔다 왔다고 자랑하는 친구 보면 부럽기는 해

협궤 열차

협궤 열차를 아는가
궤의 폭이 딱 남자 어깨 넓이 정도의 기차다
펭귄마냥 뒤뚱거리는 폼이 금방이라도 넘어갈 것 같다

코스모스 줄지어 늘어선 송도역 플랫트홈
목덜미를 쪼아 대는 햇살
초가을은 따갑다

기어코 그 애는 나타나질 않았다
바람맞은 기분은 예나 지금이나 엿같다

혼자라도 기차에 올랐다
기차 안은 비릿한 생선 냄새가 진동한다
아침 장을 파한 시골 아낙들의 시끄러운 수다

군자역에 내려 염전에 가 볼 생각이다
코스모스와 소금 냄새가 뒤섞인 가을의 정취

돌아오는 기차 창으로 해가 떨어진다
석양이 염전밭을 붉게 물들이고 있다

그 애는 어째서 나오지 않았을까
불분명한 약속
그때 나는 왜 그리도 어리숙했을까

김밥천국

김밥이 죽으면 천국에 간다구
천당에 집착하는 사람들
김밥도 무지하게 좋아해

죽어서 천국에서 김밥 먹기 위해
평생 천당 매뉴얼에 맞춰 살아

천사들이 노니는 무릉도원에서
김밥과 스타벅스 커피 즐긴다고
누가 뭐랄 사람 있나
누군가의 눈치 안 보고 뭘 즐긴다는 건
천국의 특권
마누라의 잔소리
직장 상사의 갑질
모두 신경 끄고
김밥과 커피를 즐긴다
거기에 컵라면 하나 추가면 더 좋고

굳이 신경 쓰이는 게 하나 있다면
저 위의 하나님이 무심한 척
무표정으로 지켜보고 있다는 게
조금은 께름직하기는 하지

🍁 한여름 밤의 꿈

여름밤에 꿈을 꿔 본 적이 있는가
모기 뜯겨 가며
청운의 꿈을 꾸던 시절이 있었지
미래의 성공을 위해
집안을 일으키기 위해
"노력은 쓰다 그러나 그 열매는 달다"
지나고 보니 황당하고 부질없는 꿈이었다
그 시절
"나는 행복해질 거야"라는
꿈을 가진 사람을 본 적이 없다
국가가 혹은 사회가 폭압적으로 정한 꿈
개발 독재 시절
장남인 큰형의 꿈은 새마을 지도자
둘째는 육사나 서울법대
막내는 홍수환 같은 권투 선수

그러나 어떤 종류의 꿈도 꿈일 뿐
대개는 공장이나 공사장으로
잘 풀려야 면서기

세월이 흘러 그들 모두는
요양 시설에서 만나게 된다

🍁 가을 들판에 서고 싶다

가을 들판에 서고 싶다
해 질 녘 들판이면 더 좋다
보이는 건 검붉게 떨어지는 해뿐
어스름은 사위를 먹먹하게 물들이고 있다

가을걷이를 끝낸 들녘은
내 처지처럼 황량하다

그녀는 어디로 사라진 걸까
그 흔한 이별 통보도 없었다

짧은 만남 긴 이별
어디서 들어 본 말이다

세상에 특별한 만남은 없다
살아가며 만난 수많은 인연에
굳이 특별한 딱지를 붙일 필요가 있을까
부모 자식 형제 배우자 친구 동료 등등
단지 특수 관계인 어쩌구 하며
감정의 높낮이 스펙트럼만 존재할 뿐이다

떠나간 여인도 그냥 지나치는 인연이었을 뿐
저 들판에 무수한 갈대처럼
셀 수 없는 만남 중에 하나일 것이다

들판에 어둠이 안개처럼 깔리면
여자의 자취는 흔적도 없이 사라질 것이다

Whisky on the Rock

세월의 야속함이야 늘상이다
차창을 지나치는 가로수처럼
쏜살같은 시간 앞에 한없이 무력하다
최성수도 그랬을 것이다
멋있게 늙길 원했겠지만 어림없는 일이다
아름다운 것도 즐겁다는 것도 모두 욕심일 뿐
그가 땀을 뻘뻘 흘리며 신들린 무당처럼 노래해도
크로노스의 시간을 되돌릴 순 없다

고독에 몸부림치는 중늙은이의 꾀죄죄한 노래보단
체념한 듯 혹은 달관한 인생의 쓸쓸함이 묻어나는
김연지의 끈적거리는 목소리에 끌린다
흐느적거리는 젊은 여자의 목소리는 죽어 있던 신경을 일으킨다
젊디젊은 그녀가 세월의 무상함을 알랴마는
어쨌든 나는 김연지가 좋다

내 것이라 했던 게 지나고 보니 내 것이 아니듯
세월 또한 나하곤 무관하게 속절없이 흘러간다
무심한 바위 품에 스며드는 위스키 방울처럼